Tällä Metelöivällä Pudotuksella

HENRIK ARTTURI LINNAVIRTA

Tällä Metelöivällä Pudotuksella

Kustantaja: BoD - Books on Demand, Helsinki, Suomi
Valmistaja: BoD - Books on Demand, Norderstedt, Saksa

ISBN: 978-952-330-719-3

Miksi väistit valon
miksi jätit sanattomaksi
niin kuin aina

etkö saanut rakkautta
etkö tuntenut sitä

etkö jaksanut enää yrittää
nousta mielesi raunioista
tarttua käteen
olitko päättäväinen
niin kuin aina

miksi jätin sinut yksin
miksi rohkeus loppuu
miksen ollut kanssasi

herättikö jokin
lapsuutesi pedot
painajaiset
pimeydestä

minä huudan
koska sinä et huutanut
minä itken sinua
omaa pienuuttani
riittämättömyyttäni

vaiennettua lasta joka tunsi liikaa
sinun vaikeita ajatuksiasi
ymmärtämättömyyttä

kiitän Sinua
annoit minulle uskosi siihen
että mahdollisuuksilla ei ole rajoja

en unohda sinua ikinä

Lasken sinut

syvälle taskuuni

tähän hetkeen

ja matkalle kauas

kun kerran

rakastin kädet paleltuneina

sen lammen rannalla

makasin rakkaudessa

missä ensi kerran

ymmärsin

kuinka elämässä

lopulta

menetetään

kuinka aika haipuu

taivaan syliin

Kun saavut

vie näistä huoneista muistoni

katon rajasta aaveeni

entinen itseni

yössä rakastelemme kodin

maailman äidin lämpimässä

katseissa pyytävä toivo

kosketuksissa vaikeita sanoja

kun lähdet

kannat minua sylissäsi

silmissäsi

hartioillasi

olen helpottunut

kepeä pää

pahoillani

pelkään että uuvut matkalla

Vaivu käsiini

vajoa syliini

paru omaa pienuuttasi

maailman pahuutta

lopeta pidättäminen

lopeta puristaminen

päästä irti ja katso mitä tapahtuu

anna kaiken läikkyä yli

irrota raameistasi

hyppää ja usko selviytyväsi

niin vaikeaa

on sitä itselleen sallia

Tee se niin

että värisen

niin että valitan

lakkaan hengittämästä

ja räjähdän

tee se niin

että pakahdun

niin että itken

ja nauran

tee se niin

etten ole yksin

että olet siinä

tätä hetkeä

täynnä

tee se niin

että aamulla

olet siinä

ja hengität

Kaikki se mitä sanot repii paloja seinistäni

kaikki se mitä jätät sanomatta

murentaa katon syliini

Liikkeen loppuessa hiljalleen

heilurin vielä kerran värähtäessä

kunnes voi sanoa

näin oli käytävä

jo silloin se oli nähtävä

ei se ole koskaan

olimme liikettä joka lakkasi

löysin itseni kaupungilta

tyrmättynä

epäuskoisena illan lumosta

Silloin tietää mitä on

kun on vaikeaa

silloin

kun kaikki on sanottu

ja aamunkoitteessa heräät

kietoutuneena

hänen syliinsä

kuin lapsi äitiinsä

En halua

kuolla tähän mökkiin

metsän keskellä

kaikessarauhassa

kaikessaturvassa

en jätä

unelmaa ikinä

en aio pihistä tyhjästä elämästä

katkeroitua siitä kaikesta

käsi kädessä

kumartua hautaan

tahdon rakastaa kuin umpihullu

huutaa soikeana kaipuusta

kuin susi metsässä

kuusta

maiskutellen lemmenveri suussa

Kirjoitan eksyneitä sanojani esiin

etsin minua paperilla

tuherran identiteettiäni

tanssin näppäimillä

raastan muistini rippeet

hahmottelen menneitä kaipuun laaksoja

viimeistelen vääjäämätöntä sekoamista

joka saapuu aamuyöstä klo 05.10

hulluuden helpottava laukka

ei ole mitään kuin tuntea se kaikki

vajota viereesi

Kaiken puheensolinan keskellä
elämä on aina

yhtä surullista ja yksinäistä
marraskuun laskiessa
harteille

vaikka istut siinä vieressä
yrität hymyillä

vanhenet katkeruudesta
ensimmäisestä iskusta palleaan
joskus alaluokilla

syvällä siinä märässä
jonka itsesääli on kastellut
jo alkumatkasta

lyöden aina
samaan paikkaan

kaikki opetettiin
kaikki kerrottiin

muttei sitä
miten vitussa sinä olisit onnellinen

Et varmasti ymmärrä
miten se sattuu
kun makaat avuttomana
kuin lapsi
sängyn reunaan paenneena
vuodenaikojen vaihtuessa

lehtien peitossa
lumen alla

eikä se mitä sanot
miten katsot
mitä teet
vaan se mitä jätät tekemättä
siinä maatessasi

et hae minusta lohtua
et turvaa
et usko
minuun
saati itseesi

pienenä
pidin itseäni sankarina
luotin isäni sanoihin

riittää kun yrittää
tekee parhaansa

vierelläsi
tein kaikkeni
hävisin lopulta
itkua purren

Silmät kiinni
kuuntelen kohinaa
meren pohjassa
kuten lapsena
pitkiä aikoja liikkumatta

olet kauempana
olen hauraampi
väsyneempi

tästä elämästä
tästä vitun raskaasta
hyytävästä elämästä

jossa me kisaamme
jokainen solu
jokainen ajatus
jokainen hetki

kaikki keskenämme

jolle tarkoituksen luominen on se vaikein
siitäkin voi kilvoitella
jonain päivänä hävitä

nämä vaahtopäät
huuhtovat muistosi

Rakastit minua niin

etten voi unohtaa sinua

rakastit niin

etten voi muistella sinua

rakastit minua niin

että säryin käsissäsi kuin lasi

rakastit niin

ettei kenenkään enää tarvitse

rakastit minua niin

Sinä

tulvit

joka raosta

sinä et anna mitään mahdollisuuksia paeta

sinä informoit minua kaikesta välittämättä

kapasiteetistani

sinä

luulet tietäväsi jotain

mitä Äiti Maa ei tiedä

sinä et kunnioita virheen mahdollisuutta

sinä ylpeilet hyvillä teoillasi

kenen näet hymyilevän

Jos vajoaisin hulluuden suonsilmään

kuin vauhkoontunut hevonen

laulaisin ujellusta muistuttavilla rytmisillä parahduksilla

hartaasti

hyvästit kaikille raajoilleni

tappaisin silmät, korvat sekä nenän

kieltämällä uskon järjettömään

elämään

en muistaisi mitä on luottaa tippuvansa

puusta oikein päin alas

Kuinka kovaa parutkaan päässäni

vaikka olet jo unessa

valvon valittaakseni ääneen

kuun kierron ympäri

uhratakseni kauneimpani

kidutan väsymyksen

kuristan valituksen

hukutan uupumuksen

hävitän rajallisuuteni

kieltämiseen

annan sen kirkua kehdossani

En tunne ihmisiä, jotka katsovat minuun

en edes niitä, jotka sanovat tuntevansa minut

läpikotaisin

minä tiedän kasvoja

ei minulla ole isää, äitiä

rakkainta tai vihamiestä

minulla on vain tämä yksi uni

minä haaveilen näkymättömistä

elämään maailmani

jakamaan taakkani

sillä olen ikuisesti yksin

aivan kuten sinä

Saan sut melkein vaikuttumaan

saan sut melkein nauramaan

saan sut melkein värisemään

saan sut melkein

saat mut melkein rakastumaan

saat mut melkein itkemään

saat mut melkein sopertamaan

saat mut melkein

Nälkälapsien valitus

iholla unohdus

arvaat sen

mikä minusta hiipii

mikä minussa juoksee

mikä huutaa

aamunkoitossa olen sinusta tyhjä

aamunkoitossa olet minusta tyhjä

Taivas katoaa suppiloon

olet kiven murikka

pääsi betonia rinnallani

kilometrien päässä

menetyksiä

vääjäämättömästi

jossain takana

tässä ikuisuudessa

hamuat kauneutta

pienen hetken

luulit

tuntevasi jotain

valkoisena pelosta

jokin sinussa lehahtaa ilmaan

Minun kylmyyteni
ei niinkään muiden kylmyys
tai maailman
olen yksin murheessani
etsin ulospääsyä
jo viikkoja
jo vuosia

nauraminen vaikeutuu
yllättävästi
jos sitä yrittää
rakastaminen harhautuu
jos sitä epäilee
taika murtuu
kun valot lyödään päälle

minä jatkan raastavaa epäilyä
loukkaantunut eläin
vaikka tiedän ettei se mitään auta
haluaisin vain elää
itken masturboidessani
kyyneleettä

sumuinen mieleni
huutaa olevansa kaunis
valheellinen nautinnon värinä
nikottelee raajoissani
saa aikaan pahaa oloa
ainoastaan
silmissämme
surullista hyvää oloa

olin kaunis
varmasti
kiroan kaiken ympäröivän
joka ainoastaan pyytää
täällä jokainen pyytää
jotakin

Idean kadottaminen on hillitöntä

en löydä enää mitään sanottavaa

seisotko rinnallani hulluuden sattuessa kylään

leivotko hääkakkuni jos sinua ei ole kutsuttu

valtaatko kadun vaatiaksesi minulle lisää etuoikeuksia

annatko minulle inspiraation seksin sijaan

annatko ilman suorituspaineita

annatko minun nukkua, jos väsyn tyydyttämään tarpeitasi

jos panokseni tätä yhteiskuntaa kohtaan romahtaa

jos minua huvittaakin yhtäkkiä vain olla mukavasti paikoillani

kaikkine inhottavine piirteineni maneereineni

annatko minun olla

Lasittunut katse

kolme promillea epätoivoa

animaalinen tarve

tax free -seksiä

kaksi minuuttia rakkautta

laukeaminen kuin kusella käynti

sympatiaa & äidillisyyttä

iho kananlihalla

olit sä ihan hyvä

ja sä kaunis

vitut.

kaunista kun on pimeää

koskettavaa kuin karaoke

työnnä puukko keuhkoihini ja lupaan etten liikutu

Läpi valahtava liikutus
sitä etsin peilikuvastani
jotta muistaisin olevani

sama poika
joka eksyksissä
äidin silmien alla
itki lohduttavaa
tyyntyvää hytkyntää

pehmeästi kuiskaava rauha
minun oma piiloni
siellä oli kotini
silmäkulmissa

siellä olet nyt sinä
joka selviät mistä vain
supersankari

vaikka haluaisit hajota
säpäleinä tuuleen
tästäkin kävelet ehjänä
pystyssä päin

päästäpä irti
päästä
irti

katse silmäkulmaan
silmiin ja niiden taakse
pieni poika
joka ymmärsi pienuutensa

pelastajani
syöksyy läpi usvan
murskaten nääntyneen haluttoman vastarinnan
murtuneen mieleni
laskee maahan

siinä se on
minä.
silmäkulmistani se hyökyy ulos

Insinöörit hallitsevat maailmaa

käsienkuivaaja ujeltaa

suhteetonta

jättimäistä

kaiken kohtuuden kieltävää

huutoaan

se musertaa kenet tahansa

joka eksyy tai horjahtaa

matkallaan ulos

Kaunista vaaraa

entisen neuvostoliiton raunioilla

vähäosaiset sankarit

ansaitsevat kiitoksen

tehkää se hyvin

murskatkaa kylmän yhteiskunnan paheksuva katse

puhaltakaa lämpö sydämiin

jotka poljettiin jalkoihin

jossain kääntyneiden selkien

välttelevien katseiden

teljetyn ilon kaupungissa

uusi mahdollisuus

syntyä kauniiksi

lämmittää kädet alkuvoimassa

hoivata

pientä lasta sylissään

omaa pientä itseään

tuudittaa

Yksinäisyyden etäisimmässä linnakkeessa

rakkauden etsintää

suihku ainut syli

inhosta valuvat seinät

unen varma ote

tule sellaisena kuin olet

hiljaa itseään pelkäävä

epäilevä selkärangaton

millainen lohtu

helpotuksen äärimmäinen laita

totaalinen kaikkea anteeksi pyytävä luovuttaminen

ja että kirjoitat

löytääksesi jotakin

mistä keriä itsesi kasaan

ja että se korkeintaan kiinnostaa

vain muita runkkareita

elämä on isoa huumoria

Saanks mä sanoa että mulla on hirveä olo mua vituttaa ottaa

päästä ja oon surullinen saanks mä itkeä ahdistustani bussissa

ilman näkyvää syytä jos mulla on sellanen olo ilman että joku

kiipeää seiniä pitkin pakoon mulkasee vihasesti tai yrittää etsiä

kiintopistettä mihin tuijottaa tyhjänä koska eihän sairasta, outoa

tai erikoista pidä noteerata onhan hyvien tapojen mukaista vaikuttaa

välinpitämättömältä tai siltä ettei huomaa saanks mä nauraa

kippurassa tässä pöydässä jos se ei tapa ketään jos vaikka joku

muukin voisi huvittua vahingossa nauttia hetken tässä pysähtyneen

harmaassa sivistyksen ilmapiirissä jossa puhutaan hauskan pidosta

omilla ehdoilla rikotaan normeja yhteisessä mielikuvitusmaailmassa

ja koska uskalletaan niin paljon ollaan ihan valioyksilöitä saanks mä

sanoa että mä luulen ettei teitä kiinnosta miltä musta tuntuu ja kerron

silti saanks mä purkaa sen kaiken mikä mua painaa ja minkä oon aina

halunnut puhaltaa ulos mutta en oo uskaltanu koska mulle on sanottu

ja monesti muistutettu ettei niin voi eikä saa sanoa ja vaikka voisikin

niin ei vaan sanota

Mihin

katosi kasvot jotka tiesivät tarkoituksensa

sanat jotka olivat totuuksia tai vähintäänkin puolittaisia

merkitykset jotka piirtyivät edessä selkeinä kuin siveltimestä

miksi luottaa rakennelmiin jos ne ovat muiden rakentamia

mikä on pysyvää minussa

mikä minusta tekee pysyvän rakennelman

milloin en enää kysy

tai miksi en enää kysyisi voinko luottaa rakennelmaan

jos siihen muutkin kantavat tiilensä

pienenä kerrottiin

varokaa niitä namujen tarjoajia

joskus uskoin kun sanottiin

rajat mitä pidemmälle ei ollut asiaa

Ovi aukeaa

otat kädestä ja nostat yksinäisyyteni hämärästä

sinulla on kaikki valta ja valo

en puhu minuutteihin

en muista, enkä jaksa

koota sirpaleita

sinäkin väsyt

et jaksa valaista

ymmärränhän minä

annat käteni painua alas, joka hamuaa lohtua kuin lapsi

tulee pimeää

liitän käteni yhteen ja rukoilen että huomaisit

Tänään on se päivä kun voisin poistua

hiljaisuudessa

antaa kuoleman tarttua hellästi kädestä

ja liidellä höyhenen tavoin avaruuteen

muistojeni syliin

musiikin soidessa kaipuuta

laulaen mielettömyydestä

tänään voisin kulkea

läpi elämän häilyvän verhon

lähteä ymmärtämättä itseäni

tuskani syytä

puhaltaen ne vuorten painoiset hetket ilmaan

kun epäilen olemassaoloani

maailmojen valossa

ja kun kaikki ympäröivä

pihisee hiiren hengitystä

Yöllä kohtaan minut

kuljen seinien vierustoja

vieraassa talossa

vieraassa vuoteessa

illuusio elämästä

jossa huominen jää tulematta

Kirjoitan taas

se ei selvinnyt tälläkään kertaa

se mille ei ole nimeä

pääni iski minut kappaleiksi

tuhansia kertoja

rakensin itseni uudestaan

kynsin hampain

ajattelu

on hyvä ajatella

asioita

niinkö moneen kertaan, ettei enää tiedä mitä ajatella

ajattele ensin,

toimi sitten

noinkohan vaan

toimiminen jää kun ajattelee

kun vain ajattelee

ajattelemista

maailmankaikkeutta

sinua, minua, meitä

kohtaamista

tässä uskomattomuudessa

jota kutsumme elämäksi

sen on synnyttävä nyt ja tässä

kun taas kirjoitan

kun on pakko

jäsentää

pieni itseni

joka tuntee suuria

suuri itseni

joka ajattelee pieniä

ja lohdullinen väsyneen raukeus

pitkän päivän illassa

askeleet hetkessä

jolloin kevään aurinko vihdoin välähtää syvässä päässä

paljastaa sinut

jolla ei ole nimeä

kun kipu kääntyy ymmärrykseksi

on sattuminen kasvattanut

uuden sydämen

Muistatko miten ainutlaatuista

on

miten puhdistavaa

nolata itsensä kunnolla

lämmin puna poskilla

värinä rinnassa

katseet seinillä varpaissa

kun ei vakuuttanut

ja hävettää niin että itkettää

kun itse asiassa

oli oma itsensä

Yön pimeinä

et minua haluaisi nähdä

itkemässä naistenlehti kädessä

kalsarit polvissa

ihmiskohtaloita

kokoamassa itseäni

aamun kajossa

otan sinut kuin supersankari

viitta hulmuten

kuunsirpin ohitse

vien tähtiin

Laulujen tauottua

en kirjoita sanaakaan

miltä tuntuu isoimmat varjot

tänään en vie itseäni

teloituspaikalle

vaikka kuulenkin säkeitäni

toisinaan kun sattuu

kuin paskantaisi kiviä

perse veressä

ymmärrän miksi

rakastan ikävää

parkuvaa paljasta miestä

pohjolan hangessa

Minun sisällä on pieni pala

sateenjälkeinen mökkitie

laiturin natinaa

varpaita kivillä

järvi saunan jälkeen

raikuvaa huutoa sinisiä huulia

minun sisällä on pieni pala

kyyneleet pölyisillä poskilla

tuoksu siitä

mihin joskus piilouduit

Olet minulle juhlapaikka

pimeässä kimaltava peilipallo

olet minulle hetkiä

ennen aamun valkenemista

ennen kuin

serpentiinit kerätään lattialta

Rakensimme laivan jolla seilata kuuhun

pieni ikävöivä tyttö

metsäisellä harjulla

puiden välistä pilkottava valo

painaa rintaan

loputtoman kaipauksen

kuinka elämä on ainutkertaista

ja kuinka jossain

siellä puiden välissä

tulemme aina olemaan

Tällä metelöivällä pudotuksella kohti ikuisuutta

olet valtameri

olen hukkuvan kaipausta

välähdyksinä ajassa

ilmaan ponnistava juhla

tuoksuvan kesän kaulalla

käsien punertava kertomus

poskilla pitelemätön nauru

tässä olet poskillani

suolainen valtamereni

sinussa nukun

onnellisia unia

Silmäluomieni alta välkkyy taivaanrannan sini

eilisen haamuista viimeinen pakenee

tuulta tuuditan rakastelen

ihmeissäni vierelläni

olen laulava lapsi pikkuruinen

sieni sateen jälkeen

auringossa

hymyilen

sukellan maailmoja

pimeydestä syvemmälle

syleilen merihevoseni kiiltävää harjaa

unien ihmemaahan

hehkuen käperryn odottamaan

ja itken

merten vapautuneen valkean

tähtitaivaan alla me näimme

mahdottoman huutavan

aamuisin

kävelen kotia kohden

traaginen olet

sinä pieni

Valkeiden päivien saatto

utuisiin aamuihin

olet yhä tässä

olen yhä tässä

se on sinussa

uskot kuin lapsi

kannamme toisiamme

vaikka meillä onkin

taivasikävä

kävelen takaisin

hiekkalaatikolle

hymystä kirkkaat kasvosi

tulet minua vastaan

tulen sinua vastaan

Jos et enää muista

monesti tulisi herätä

jotta vastaantulijoilla olisi kasvot

ja olet

unessa

kontannut

katsellut vaiennutta

kantanut hiljennyttä

vuosien edestä

vuosien takaa

muistathan vielä

onnen punertavat kämmenet

tuoksuvan kesän kaulalla

hukuttautuvien parahtelevan rytmin

raukeuden

naurun

Unen mailta

kiipesit katolle

katselit hymyillen puiden välistä

koska jossain varmasti

kaukoputken takana

joku ikävöi sinua

katolta kohoavaa polkua pitkin

tulit minua vastaan

ja jossain siellä

puiden ja tähtien välissä

tulet aina olemaan

Tuoksuu hetken kesältä

tämän kaupungin pimenevä ilta

puista laskeutuva kaipuu

kasvaa rinnassa

säkenöiviin valoihin

saatat minut kesän lintu

lennä rauhassa

tämän kaupungin pimenevä ilta

pitää sinusta huolen

Anna minun levätä

sylissäsi

seuraavat sata vuotta

laske yksinäisyys mereeni

itke

tuuliesi ulvontaa

myrskyjä

naura

aaltojeni loiskeessa

anna minun levätä sinussa

maailman loppuun

myrskyn tyynnyttyä

voit nukahtaa

valaideni lauluun

Jos olisin vielä niin pieni kuvittelisin sinut siihen viereeni

aivan silmieni alle

voisin melkein koskea sinuun

kietoutua ympärillesi

kaikella viattomuudellani

katsoisin sinua täynnä satumaisuuttasi

ja sinä alkaisit elämään

.

Havahtua tähän

henkeä haukkoen

läpi pään humiseva kauneus

valtava kirpeänsuloisuuden hetki

jossa koko elämä kulkee lävitse

matkalla syvyyksiin

Havahtua tähän jolle jokainen nimitys

jää äärettömyyksiä vajaaksi

tähän galaktiseen vihlaisuun

kaipauksen ydinreaktioon

joka huutaa tähtienvälistä ikävää